10代から考える

「起業」という働き方

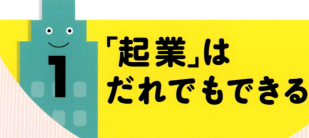

1 「起業」はだれでもできる

10代から考える「起業」
編集委員会 著

 もくじ

はじめに ———— 4

「起業」はだれでもできる ———— 5

好き×得意で自分にむいている仕事を見つけよう！ ———— 6
きみはどんな起業家タイプかな？ ———— 8
働き方はひとつではない!? ———— 10
「仕事」は時代とともに変化する ———— 12
起業ってなに？ ———— 14
起業はふつうのこと？ ———— 16
どうやって起業するの？ ———— 18
未来の起業家を育てる ———— 20
―12才で起業したAyu（アユ）さんにインタビュー！ ———— 21

起業家たちから学ぶ！
やる気がわいてくる言葉 Vol.① ———— 22
安藤百福（あんどうももふく）／南場智子（なんばともこ）／ビル・ゲイツ

起業家インタビュー
あなたの起業ストーリーを聞かせてください ───── 23

食べる人にも作る人にも役立つサービスを提供
家族の食事の悩みを解消

株式会社シェアダイン　　井出 有希さん ───── 24

AIという"道具"を使って企業の抱える課題を解決
より良い未来を作るために突き進む

株式会社AISing　　出澤 純一さん ───── 28

小学生のときからの夢だったパン屋を開業
今ある店をより深く根づかせたい

日々のパン アカリベーカリー　　高山 顕さん ───── 32

「やってみたい」の思いだけで農業の世界へ
最新技術で生産から販売まで手がける

株式会社ドロップ　　三浦 綾佳さん ───── 36

思わぬ縁がつないだ「事業承継」
地元・大分で家具職人として歩み出した大きな一歩

田中木工　　田中 大地さん ───── 40

「ペットを"家族"として愛する社会」を創る
デジタル技術で業界に変革をもたらす

株式会社PETOKOTO　　大久保 泰介さん ───── 44

はじめに

みなさんは「起業」と聞いて、どんなイメージを持ちますか？「カッコいい」「わたしもやってみたい」とポジティブなイメージを持つ人もいれば、「大変そう」「雲の上の話」「自分のまわりにいないから想像できない」と自分とは遠い世界のことのように思う人もいるかもしれません。

実際、日本は海外の他の国に比べて起業する人が少ないため、「日本人は安定を求めている人が多い」といわれています。会社に入り、勤めあげるのも立派なことです。しかし、みなさんには会社に入る道だけでなく、自分で起業するという選択肢もあるということをぜひ知っていてほしいと思います。起業は限られた人だけの特権ではなく、だれにでもできることなので、一人ひとりに可能性があるのです。そうした人が多く出てくることで、社会はどんどん発展し、より良くなっていくはずです。

このシリーズでは、3巻構成で順をおって起業についての知識を深めていきます。1巻では、多様化する世の中で「働く」ということや起業についての基本を学んでいきます。また、それぞれの経緯や目的を持って会社を立ち上げた起業家たちに話を聞き、様々な「起業」のカタチを紹介しています。

起業について学ぶ中で、自分自身について考えてみたり、世の中の見え方が少し変わってきたり、そんな変化がみなさんに芽生えてくれたらうれしいです。

10代から考える「起業」編集委員会

「起業」は だれでもできる

ぼくたちと
ともに「起業」を
学んでいこう！

アップ

スター

好き × 得意 で自分にむい

好きなこと

サッカーやゲームなど夢中になれること、動物や飛行機など**興味のあることをふり返ってみましょう**。「サッカー」ひとつとっても様々な仕事につくことができます。

例えば「サッカーが好き」で「算数が得意」だったら「サッカーのデータ分析」という仕事につくのもいいね

掘り下げよう

- 好きな理由はなに？
- どんなジャンルが好き？
- 好きなことに、どんな風に関わりたい？

想像力を働かせよう

「もっと○○になったらいいのに」を実現させるのが「仕事」です。身のまわりのできごとに目を配り、想像力を働かせれば、リモコンひとつで天気を変えられるような発明ができる、かも？

ている仕事を見つけよう！

様々な仕事の中から、自分にむいている仕事を見つけるには、「好きなこと」「得意なこと」を知ることが大切です。これらをかけあわせることで、自分の可能性を広げることができ、むいている仕事を選ぶのに役立ちます。

得意なこと

自分が楽しく自然にできる「得意なこと」はなんですか。それはあなたの「武器」になり、仕事に生かすことができます。

「アイデアを出すのが得意」で「スイーツが好き」だったら、菓子メーカーの商品企画に進む道もあるよ

遠足だから晴れにしよう！

学びのヒント
- 身のまわりの困りごと、こうなったらいいなと思うことを書きだす。
- あこがれの人のサクセスストーリーを調べる。

掘り下げよう
- 自分が思う「長所」や「短所」を書きだす
- 家族や友だちに聞いてみる
- 人にほめられたことを思いだす

7

きみはどんな起業家タイプかな？

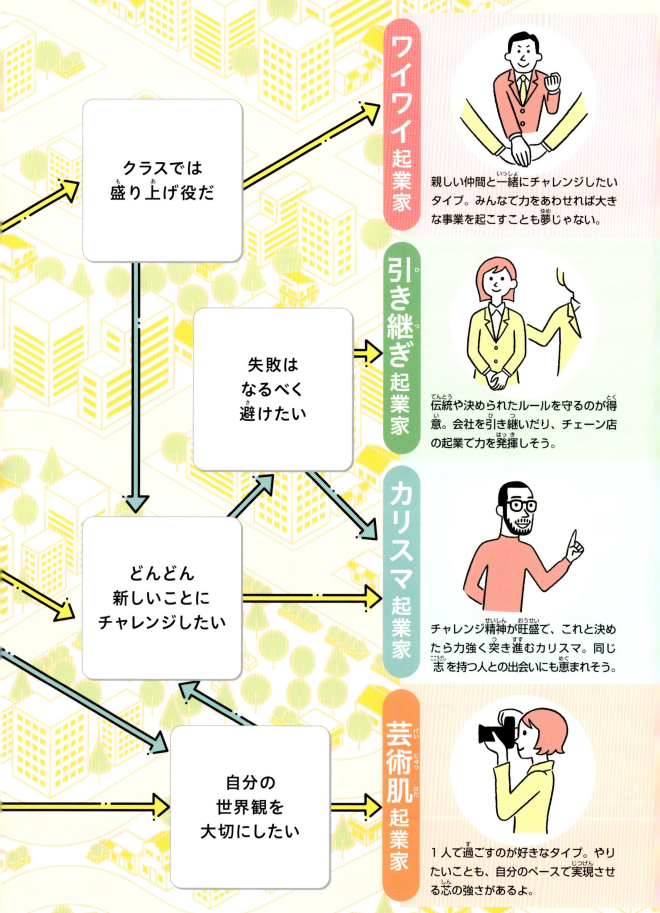

働き方はひとつではない!?

時代とともに仕事への価値観や働き方は変化し、多様化しています。
どのように変化しているか、例を見てみましょう。

これまでのライフステージ

入社 → 一生懸命に働く → 昇進 → 退職 → パート

これからのライフステージ

入社 → 一生懸命に働く → 転職 → 起業

入社 → 仕事と育児の両立 → リモート会議 → 社長 → 次世代に引き継ぐ

働き方は変わりつづける

「人生100年時代」をむかえ、これまで主流だったひとつの会社で長く働きつづける時代は変わりつつあります。転職でキャリアを積んだり、会社に頼らずに自分でビジネスをはじめる「起業」が選ばれるなど、働き方が多様化しています。今後ますます、テクノロジーは進化しつづけ、より柔軟な発想で対応できる能力が求められるため、「自分のやりたいこと」を知っておくことが大事です。

また、働き方が変わることで、ワークライフバランスも重視されています。家族や友人との時間、自分の趣味やリラックスタイムを大事にすることで心と体が充実し、仕事にも好影響をあたえることができます。

ライフステージ 人の一生を年齢によって、幼年期・少年期・青年期・壮年期・老年期などに区分けしたそれぞれの時期のこと

ワークライフバランスってなに？

ワークライフバランスとは、仕事とプライベートの時間を両立させること。バランスを取ることで、健康で豊かな生活のための時間が確保でき、多様な生き方・働き方が選択できるようになります。

フレックスタイム	一定期間内の総労働時間を決め、その範囲内で勤務時間を自由に設定できる制度
リモートワーク	ネット環境を活用し、自宅などオフィス以外の場所で仕事をする働き方のこと
ノマドワーカー	ノマドとは遊牧民の意味で、特定のオフィスを決めずに場所を移動しながら働く人のこと

● 1日のスケジュールの例

これまでの働き方

| 混んでる電車で出社 | 取引先に行く | 会社で残業 | 遅い時間に帰宅 |

これからの働き方

| オフピーク通勤 | ガラガラの電車で出社 | 会議 | 早めに帰る | 家族で過ごす |
| フレックス＋リモート | 朝活 | リモートワーク | セミナー参加 | 自由時間 |

「働き方改革」ってなに？

　育児や介護など、働く人の様々な事情や希望にあわせて多様な働き方を実現させるため、2019年に「働き方改革関連法」が施行されました。
　これにより長時間労働などが見直され、働く人がリモートワークやフレックスタイムなどを利用することで、ワークライフバランスが得られやすくなりました。

時間があれば、やりたいことができる

- キャリアアップの勉強会
- 親の介護
- 映画鑑賞
- 趣味の集まり
- 副業
- 子どもと遊ぶ

など。

働く時間や場所が選べる

- リモートワーク
- ノマドワーカー

11

「仕事」は時代とともに変化する

新しい仕事が生まれるわけ

ファッションやゲームなどの流行と同じように、仕事も時代とともに移り変わっています。たとえば、イラストのような人の手によって成り立つ仕事は、テクノロジーの進化で機械がその役割を担うようになり、これらの仕事は減少、またはなくなっていきました。

一方で、プログラマーやデータ分析など、デジタル分野の仕事が急増し、YouTuberなど以前は存在しなかった職業も登場しています。これからも、新しい技術が生まれるたびに新しい職業が生まれる可能性があります。こうした多種多様な仕事のひとつとして、起業が注目されています。

なくなった仕事

新しい技術により自動化され、なくなった仕事の例。他に、電話回線をコードでつなぐ電話交換手、路線バスの車掌もなくなった。

タイピスト
手書きの書類をタイプライターに清書

株取引の売買伝達
証券取引所で手振りで取引

なりたい職業の移り変わり

1980年代のあこがれの職業、野球選手や警察官、保育園の先生、看護師は、2023年も10位内にランクイン。その一方で近年は、働き方の多様化が進む会社員が人気のようです。

大人になったらなりたいもの

1989年

 男子
1 野球選手
2 警察官・刑事
3 おもちゃ屋さん

女子
1 保育園・幼稚園の先生
2 お菓子屋さん
3 学校の先生／看護師さん

参考：第一生命保険「大人になったらなりたいもの」小学生　1989年（調査開始年）
第一生命保険「大人になったらなりたいもの」小学生　2023年

なりたい理想像を描くといいよ

新しく生まれた仕事

技術の進展により生まれた新しい仕事の例。
創造力やデジタル技術の知識が求められる。

ドローン操縦士
無人飛行機による空撮や輸送、災害時の救護活動、農薬散布など幅広く利用される

YouTuber
宣伝や情報教材などで動画再生数を増やし収益を得る

プログラマー
アプリやソフトウェアを正しく動くように設計する

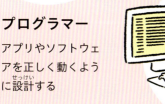

未来の仕事

より高度な技術が取り入れられて生まれる仕事の例。

サイバー都市アナリスト
渋滞緩和など、安全かつ機能的な都市になるよう改善策を提案

VR建築家
バーチャルリアリティ（VR）の技術を使って建物や空間をデザイン

昔と今

 男子　**2023年**　女子

男子	女子
1 会社員	1 パティシエ
2 ゲームクリエイター	2 会社員
3 YouTuber／動画投稿者	3 美容師／ヘアメイクアーティスト

まとめ

● テクノロジーの進化により、働き方は多様化している
● 「起業」は、働き方の選択肢のひとつ

起業ってなに？

起業とは、新しいアイデアをカタチにして「価値」を提供し、利益を得ることを目的にしています。起業の仕方は様々なものがあります。

「会社を起こす」＝「起業」じゃない

新しい事業を起こす「起業」は、会社を立ち上げることだけではなく、勤めている会社で「起業」することもあります。事業を起こしたい人の考え方によっていろいろな起業の仕方があります。たとえば会社などの団体を起こす「法人」や、個人で事業を運営する「個人事業主」、ゼロから事業を立ち上げる「ゼロイチ」、すでにある会社に関わり事業を起こす（ここでは「既存」とします）があります。

起こした事業で利益を得るには、お客さんに提供した商品やサービスに価値を感じてもらい、その対価を支払ってもらう必要があります。

いろんな起業の仕方があるんだね

起業の種類

法人

法律に則って設立された組織。営利法人では株式会社や合同会社などが、非営利法人では一般社団法人やNPO法人などがある。いずれも起業するときに多くの手続きが必要となるが、社会的信用度は高く、銀行や取引先との交渉はしやすい。

ゼロイチ

なにもない「ゼロ」の状態から「イチ」を生みだすことに由来する。なにか新しい価値を生みだすことを意味する。事業そのものだけでなく、大学生など若い人たちが起こすスタートアップ会社を指す場合もある。

個人事業主

個人で起業する人。たとえばショップ店主、デザイナーやYouTuberなど団体に属さず、個人で活動している人を指す。手続きは税務署への申請だけで簡単だが、その分、社会的信用度は低い。思い通りの事業ができる反面、事業の全責任を負う必要がある。

既存

勤めている会社内での起業、会社を買収したり引き継いで起業することもできる。全国チェーンのコンビニや飲食店など、すでにだれかが起こしたビジネスを基盤に運営するフランチャイズ加盟も起業のひとつといえる。

営利団体・非営利団体 利益を得ることを目的に活動するのが営利団体。一方、利益を目的としないのが非営利団体

価値を提供するってどんなこと？

あなたはどんなときに「価値」を感じますか。だれでも「〇〇してほしい」「〇〇したい」という思いがかなったときに価値を感じて、その商品やサービスにお金を払います。価値は、利用する人の課題が解決したときに生まれるもの。課題のないところに価値は生まれません。

価値が作られる例

同じ麦茶でも値段が違うのは、価値が違うからです。「〇〇がしたい」という「課題」をどのように解決して、価値にしているでしょうか。起業する際は、独自の「課題解決」を見つけることが重要。

同じ麦茶なのに、どうして値段が違うの？

ペットボトル麦茶の原価
- 原材料（水、麦）
- ペットボトル代
- リサイクル料

課題 → 解決 → 価値

同じペットボトル麦茶であれば、原価に差はありません。

課題 ペットボトル麦茶を家にストックしておきたい

価値 スーパーなどで、安くたくさん買う

販売価格 100円／本

課題 イベント会場で今すぐ冷たい麦茶が飲みたい

価値 麦茶を冷やしたり運んだりするのが面倒。その場で買えればいい

販売価格 150円／本

他の商品やサービスでは、どのような価値があるか考えてみるといいね

まとめ
- 起業は、価値を提供し「利益」を出すために事業を起こすこと
- 価値は、課題を解決することで生まれる

起業はふつうのこと？

「起業」は、限られた人がするものではありません。
社会貢献など、起業する目的と情熱があればだれもが挑戦できます。

だれでも起業できる

起業の目的は人それぞれあり、年齢制限もないため、だれでも事業を起こすことができます。国や自治体をはじめ、起業を支援する体制も整っていますので、それらを利用して学生や社会人、中高年など様々な人が起業に挑戦しています。

ただし、小学生の場合は状況が異なります。法人設立に必要な書類の中には、15才以上でないと取得できないものがあります。このため、小学生起業家は個人事業主として挑戦するか、親の協力を得て会社を設立しています。

年齢は関係ないんだね

地方で起業する

地域文化や産業を継承するために、地方で起業にチャレンジする人、それを応援する自治体が増えています。働き手不足やインフラ整備が進んでいないことなど課題もありますが、コストをおさえながら、地域に根ざしたサービスを展開して地域発展に貢献できます。

学生起業

学生起業の中に「大学ベンチャー」があります。研究成果を生かし、新市場をめざすイノベーションの担い手として高く期待され、活動数も急上昇しています。

メリット 国や大学の支援を受けられる場合もある。柔軟なアイデアや体力が強みになる。リスクが少なく可能性が大きい。失敗しても次につなげられる。

デメリット ビジネス面の経験不足。経験者の人脈を確保しづらい。社会的信用度が低い、学業に支障が出る可能性もある。

2巻▶P40　3巻▶P32

イノベーション　新製品の開発や新市場の開拓などによって経済発展や景気が循環すること

社内起業

会社のブランドを守りながら新しいサービスを作ること。社内で新しい事業を起こすために設置された組織を「社内ベンチャー」といいます。また、組織に所属しながら新事業を起こす人を「社内起業家」といい、活躍する人が増えています。

メリット スキルや人脈を生かせる。失敗や金銭面を気にせずチャレンジできる。

デメリット 会社の方針に従うため、個人起業に比べて自由度は低い。

3巻▶P24

シニア起業

シニア世代の中には、会社を辞めて、長年培ってきたキャリアや人脈、趣味を生かして新しく事業を起こす人が増えています。やりがいを求め、第二の人生を充実させる目的もかなえられます。

メリット シニアむけの助成金制度がある。経験・人脈を生かせる。趣味を生かして新しい事業をはじめられる。定年退職がない。

デメリット 会社の肩書きが使えない。経験を過信すると失敗する可能性がある。

3巻▶P44

事業承継

事業を引き継ぐため、企業理念に納得していることが前提です。その企業のブランドを守りながら経営することになります。

メリット 会社設立の手間が省略できる。経験豊富な従業員や取引先との関係も引き継ぐことができる。

デメリット 新しいアイデアを導入しにくい場合がある。

1巻▶P40

17

どうやって起業するの？

起業が身近に感じられる社会へ

日本は、世界に比べて起業活動があまり知られてないため、「失敗しそう」など起業を難しく考える人が少なくありません。

しかし、起業は社会を元気づけるきっかけになり、今、必要とされていることです。起業活動が盛んであれば、だれも想像つかないような新しい価値観によってイノベーションが起こりやすくなるからです。そのため国や自治体などが「計画」「資金調達」「人脈」の主な支援を充実させ、だれもが起業に挑戦しやすい環境を整えています。

中には起業経験を生かして、次世代の起業家の**メンター**を担う人もいて、起業支援の輪は様々な形で広がっています。

計画

アイデアを明確にして、支援者から計画書の過不足をアドバイスしてもらい、ビジネスプランを練り上げます。書類作成の支援など実務的なサポートも受けられます。

また、ビジネスコンテストでも経験豊富な審査員やメンターのアドバイスをもらえる機会があります。

不安なところをフォローしてもらえるんだね

法人起業の手続きが簡素化

法人設立に必要な書類が複数あり、書類ごとに各行政機関で手続きする必要があります。2021年、国が起業支援の一環として、マイナポータルによる法人設立ワンストップサービスを開始し、オンラインサービスでの一括申請が可能になりました。

マイナポータル
法人設立
ワンストップサービス

- 法務局
- 税務署
- 年金事務所
- ハローワーク
- 労働基準監督署

メンター　仕事やキャリアの手本となって、指導や助言をしてくれる人のこと

資金調達

起業やその後の事業を継続させるためには資金が必要です。日本政策金融公庫といった公的機関や銀行、クラウドファンディング、投資家などからの支援を活用できます。（詳しくは2巻P16で紹介）また、ビジネスコンテストでは賞金や投資家からの資金調達の機会が得られることもあります。

●クラウドファンディング
●投資家

人脈

公的機関では人脈作りの相談を受け付け、事業承継のマッチングサービスも充実しています。起業家むけのイベントやビジネスコンテストでも、起業家をめざす人やメンターとの出会いが期待でき、情報交換や新しい人間関係を築くのに役立ちます。

ビジネスコンテスト・起業セミナー

ビジネスコンテストとは、事業計画書をもとに独自性や可能性などを競うイベントです。事業計画を発表し、専門家に評価される機会を通じて、計画の客観的な見直しもできます。受賞すれば起業へむけて大きく前進できます。経営知識やスキルを学べる起業セミナーでは、ビジネスの最新情報を得たり、同じ興味を持つ人と交流できます。

まとめ

●国や自治体、民間団体などが起業を支援する

●支援内容は、計画書作成、資金調達、人脈作りの3点

●支援のひとつに、ビジネスコンテストや起業セミナーがある

未来の起業家を育てる

「起業家教育」ってなに？

起業体験活動などを通じて新しい価値を主体的に創造する力を養う「起業家教育」が注目され、教育現場や民間のイベントでも取り入れられています。これは、起業家や経営者もキャリアの選択肢に入るように、起業家精神の育成を目的にしたものです。

起業家精神は「アントレプレナーシップ」とも呼ばれ、チャレンジ精神や探究心、高い志を持って未来を切り拓く力を育み、生きるための土台となる大切な力です。変化の激しいこれからの時代を生き抜くために、この「起業家精神」が必要になるといわれています。

大人と同じように起業を体験「アントレプレナーシップ教育」

現在、多くの場所で「起業家体験イベント」が行われています。例えば、東京都が主催する「小中学生起業家教育体験イベント」では、社会の仕組みを知るだけでなく、仲間と助けあい成しとげる力や、最後までやり抜く力などを身につけることを目的にしています。具体的には、4年生以上の小学生が参加し、少人数のグループに分かれて、楽しみながら会社の設立などを疑似体験。売れ残りや計画通りにいかないことは失敗ではなく、計画をふり返り、次の機会に生かすことが大切だと学ぶことができます。

写真：東京都産業労働局 小中学生起業家教育プログラム

起業家だけでなくすべての人に必要な力だね

主催：東京都
イベント事務局：
株式会社角川アスキー総合研究所
プログラム監修：
株式会社セルフウイング

体験
- 起業家の話を聞く
- 起業擬似体験

生きる力
- 自己肯定感
- チャレンジ精神
- コミュニケーション力
- 探究心

など

起業体験イベントで習得できること

12才で起業したAyu(アユ)さんにインタビュー！

小学生のときに「鉱物トランプ」を考案し、起業したAyuさん。
きっかけは起業家マインドを教える「CEO(シーイーオー)キッズアカデミー」への参加でした。
起業したことで、何事にも挑戦することの大切さを実感しているといいます。

水泳と理科が好きなふつうの小学生だったというAyuさんは、「起業セミナーを受けていなかったら今の自分はなかった」とふり返ります。そこで「好きなことは、今やってみればいい」という言葉を聞き、Ayuさんの挑戦が始まりました。

大好きな鉱物を使ったビジネスを思いつき、クラウドファンディングへ挑戦。なんと目標の565%達成、194名の支援を得て「鉱物トランプ」を実現。商品を自分のブランドとして守り販売するため、周囲に助けてもらいながら合同会社Ayuを起業しました。

「起業したことで自信がつき、チャレンジすることへのハードルがとても低くなった」と語るAyuさんは、「鉱物トランプ」のZoom(ズーム)イベントを開催したり、英語版の販売や自ら英語で営業して海外の現地ショップへの販路を切り拓いたりして、世界中の鉱物好きとの交流も行っています。Ayuさんの挑戦は、まだまだこれからもつづきます。

クラウドファンディングでは約85万円の支援を達成

2023年世界知的所有権機関WIPO「Show and tellプレゼンテーションコンテスト」銀賞受賞。「挑戦することの素晴らしさをみんなに知ってもらいたい」とAyuさん

トランプには「硬度」「比重」「レア度」が示されていて、3つの組みあわせでカードの強さを競う遊びもできる。

起業家たちから学ぶ！
やる気がわいてくる言葉 Vol.①

今では広く名前の知られた会社でも、みんな創業当時はスタートアップ企業でした。国の内外を問わず成功者として知られる起業家たちの功績はもちろん、彼らが残した、やる気を刺激してくれる言葉を学びましょう。

「自分の周囲に、いつも好奇の目をむけろ」

安藤百福（日清食品創業者）

様々な事業を手がけ、すべての財産を失うという失敗もして、48才でインスタントラーメンを作った安藤百福。自宅の裏庭に建てた小屋で1日の休みもなく研究をして、世界で初めて「お湯があれば食べられるラーメン」を開発。きっかけはラーメンの屋台に並んだ人々の姿を見たこと。成功のヒントはいつもの生活の中にあるということです。

「自ら行動できる人でなければ、どれだけ素晴らしい能力を持っていても、宝の持ち腐れになってしまいます」

南場智子（横浜DeNAベイスターズオーナー）

株式会社ディー・エヌ・エーの創業者であり、日本における女性起業家の1人として名高い人物。1999年にネットベンチャーとして会社を立ち上げ、携帯ゲームの人気によって一気にトップ企業へ。2015年にはプロ野球史上初となる女性オーナーとして横浜DeNAベイスターズを率いることとなりました。考えるだけではなく、行動に移すことの大切さを語っています。

「自分のことをこの世のだれとも比べてはいけない。それは自分自身を侮辱する行為だ」

ビル・ゲイツ（マイクロソフト創業者）

パソコンのOS「Windows」を開発・発売し、インターネットの普及とともに、高価だったパソコンを一般家庭にも浸透させていった人物。現在は莫大な資産を元手に、世界最大の慈善基金財団を立ち上げ、世界の病気や貧困の問題を少しでもよくするための活動を行っています。そんなビル・ゲイツの言葉は、ありのままの自分を受け入れて肯定することが大事だと教えてくれます。

起業家インタビュー

スター

アップ

あなたの
起業ストーリーを
聞かせてください

株式会社
シェアダイン
共同代表
井出 有希さん
いで　ゆき

SHARE DINE

食べる人にも作る人にも役立つサービスを提供

家族の食事の悩みを解消

「偏食」「アレルギーがある」など、
家族の食事に関する悩みは意外に多いもの。
その解決策として井出さんが設立した出張シェフサービスの会社は
料理を作ってもらう人も作る人も、みんなを笑顔にしています。

子どもの好き嫌いが新しいサービスのヒントに

　井出有希さんが経営するシェアダインは、栄養士や調理師などの専門家が料理を作りにきてくれる「出張シェフサービス」を展開しています。きっかけは、井出さんと職場のママ友たちが、子どもの食事について「好き嫌いが多い」といった問題を抱えていたことでした。毎日のように話すうちに「悩みにあわせて、専門家に料理を作ってもらえないか」と考えたのです。こうして創業したシェアダインは、食事で悩む育児中のママをはじめ、多くの子育て中の家庭をサポート。現在、東京都の「出産・子育て応援事業」のひとつとしても利用できるため産後のママたちにも好評です。さらに、子どもだけでなく「病気で食事制限がある」「忙しくて食事が作れない」など、家族全体の悩みを解消するために、サービスを拡大しています。

頼める内容は幅広いが、ベーシックなプランでは3時間ほどで4人家族で4〜5日分の料理を作ってくれる

共同代表　複数の人が、共同で会社の代表になること

そもそもなぜ起業したの？

自分も悩んだ「食の問題」を解決したいから

「自分が悩んでいることを解決できないか」ということが先にあり、似たようなことで悩んでいる人も多いのではないかと考え起業しました。わたしは周囲に起業家が何人もいた環境のおかげか、自分にとって起業が特別なことではなく、ハードルが低かったのだと思います。元職場の同僚と「共同代表」の形式を取ったので、心強かったですね。

出張シェフサービスの仕組み

シェアダイン
ユーザーと食の専門家をつなぐマッチングサイト。登録している1万人ほどの食の専門家の中から選ぶことができる

④ 報酬として手数料を引いた額が支払われる

② ユーザーは自分の好みに合う専門家を選んで申しこむ

① シェアダインに登録。自分の得意や強みのプロフィールを掲載

食の専門家
栄養士や調理師、レストランのシェフなど経験や資格のあるスペシャリスト

ユーザー
小さな子のいる家庭や、栄養に気をつけなければならない家庭、または料理人を必要としている飲食店

③ 決まった日にユーザーの家を訪問。ユーザーの好みや要望にあわせた料理を時間内に作る

仕事のやりがいを教えてください。

新しい価値観を未来に伝え みんなを支援する幸せ

新しい価値観を根づかせたい

　会社員時代のやりがいは、自分の成長でした。今の仕事をはじめてからは、お客様の喜びの声が張りあいです。シェアダインの活動の意義を理解してくれる投資家たちの存在も重要で、「応援してくれる人の期待を裏切れない」というプレッシャーも仕事への意欲になっています。

　シェアダインに登録されている料理の専門家は、一流ホテルで働いていた料理人、病院勤務だった管理栄養士など、高いスキルを持った方々が大勢います。そのおかげで、学校や保育園が休みのときは働く親御さんにかわってお昼ごはんを用意する、あるいは「カロリーが低くて栄養価は高い料理」など、今まではなかった幅広いリクエストに対応できるようになりました。なんでも実際にやってみないとわからないものですね。食事は家族が作るだけでなく、いろいろな形があっていいのです。仕事を通して、こうした食事の新しい価値観を根づかせ、未来に伝えたいという思いも、やりがいにつながっています。

打合せでもすぐにプレゼンができるように、パソコンをモニターにつなぐケーブルを持ち歩いている

日々の食事の作り置きからパーティー料理まで幅広い用途でオーダーできるのがシェアダインの特徴

仕事の相棒　コックコート

料理人の制服ともいえる「コックコート」。シェアダインオリジナルのものがあります。作る料理はみなそれぞれですが、同じ服を着ることで一体感も生まれます。わたしも袖を通すと、気持ちがシャキッとします。

投資家　ここでは「スタートアップやベンチャー企業に資金を出資する人」の意味

井出さんの描く未来
料理に関わる人たちの課題解決に取り組む会社

井出さんがめざすのは、食事に関する幅広いサービスの提供。そして料理の世界で働く人たちの悩みや課題解決に役立つことです。

これからは、一流ホテルの味を自宅で楽しめる「おうちレストラン」やパーティー料理など、新しい楽しみ方の提供にも力を入れていこうと考えています。市場の要望や困りごとを吸いあげながら、求められるサービスを実現していきたいですね。今、首都圏や関西、中部地区を中心に活動しているので、多くの料理の専門家とタッグを組み、全国展開するのも目標です。

そして利用者だけでなく、料理に関わる人たちの悩みの解決に役立つ会社にしていきたいと思います。料理の世界は厳しく、長時間労働など働き手に負担のかかる職場も少なくありません。しかし、働く側にも新しい価値観が生まれています。わたしたちは、料理人の方々がプライベートも大切にして、仕事のキャリアを築いていく場所を作りたい。料理人たちの新しい働き方の応援と実現をめざし「スポットシェフ」や新たに立ち上げた料理人専用のキャリアサポートSNS「シェフリンク」など、業態も拡充していく予定です。

起業家からのメッセージ

アイデアは人に話してみると、価値がわかる！
「いいね」といってもらえるアイデアは、
ほかの人も考えるでしょう。逆に否定されたら、
可能性があるかもしれません。シェアダインも
アイデアを完全否定された経験があります。
あきらめずに前に進んでほしいですね。

井出さんのこれまで

0才
1978年、高知県生まれ

子どものころ
おとなしくて周囲に心配されるような子どもだった

22才
東京大学を卒業。就職活動中、女性が男性より冷遇され、仕事の選択肢が狭い日本企業の現実に直面し、疑問を持つ。結局、インターンシップに行っていた外資系企業に就職

35才
第一子を出産

40才
シェアダイン創業
「子どもの食事」に悩む家庭を対象に、出張シェフサービスを開始

42才
ピンチ！！！
コロナ禍で日常生活が大きく変化。売上が減少するだろうという危機感を覚える

ターニングポイント
コロナ禍で休業や閉店する飲食店が続出し、職を失う栄養士や調理師が増加。仕事を求め、シェアダインの登録者数が増える。そこで新しいサービスを打ち出し、テレビなどで評判に

47才
料理に関わる人たちが、自分が求める方法で働き、キャリアを積むための働き方ができる会社をめざし、活動中

株式会社 AISing

代表取締役 CEO
出澤純一さん
いでさわ じゅんいち

AIという"道具"を使って企業の抱える課題を解決

より良い未来を作るために突き進む

ChatGPTなどの生成AI搭載の検索サイトなどにより、日々の生活においてAIは身近なものになりつつあります。株式会社AISingは、AIが話題になる前の2016年からAIを使った特許技術を用いて事業を展開しています。

ものづくりの現場の機械を賢くする「AI」

　AISingは、AIを使った特許技術を持つ会社です。開発した独自の「エッジAI」は、主に工場などのものづくりの現場の効率化に使われています。工場などで使われる機械は、これまでは人間が調整しなければなりませんでしたが、これには高度で繊細な技が必要となります。そこにエッジAIという技術を使うことで、難しい調整を代わりにこのAIがやってくれることが可能になるのです。

　このようにAIで機械を賢くすることによって、ものづくりをする際の不良品を削減するなど、効率的に作業が進められるようになるため、ものづくりの現場だけでなく、今後、様々なところで活躍が期待されています。

デバイス上で学習・予測できるため、機械を賢くするAIを使って社会のいろいろなところでの「超効率化」をめざす

生成AI　大量のデータを学習し、その学習したデータを元に新しいデータやコンテンツを生みだすAI（人工知能）

そもそもなぜ起業したの？

じつはこれが三度目の起業。金融機関の担当者の後押しも大きかった

AISingの前に二度の起業を経験しています。一度目は2007年、AI事業はうまくいきませんでしたが、卸売事業に転換して事業継続してきた株式会社ひらめきは今の会社の前身です。当時の金融機関の担当者が「この技術を埋もれさせるのはもったいない！」と**アクセラレータープログラム『未来2017』**への参加を薦めてくれて、これが起業につながりました。

AISingのエッジAIの特徴

そもそもエッジAIってなに？

端末機器（スマホや車、工場の機械など）に直接、実装（取り付けた）したAIのこと。AISingのエッジAIはネットワークを通さずに端末だけで学習・予測ができ、リアルタイム処理が可能になる

ポイント1
AISingのAIモデルは省メモリ（スマホの写真1枚の1/100くらいの大きさ）で実装ができる

ポイント2
普通はストレージに蓄積した、たくさんのデータを使って学習していくが、AISingの場合はひとつずつのデータを学習することができるので、必須ではない

だから！ データをためておく分の容量を小さくできる
＝
その分 コストを下げられるため企業側も導入しやすい！

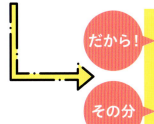

教えて、出澤さん！
AIってこの先どうなるの？

AIは「道具」です。AIをどう使うのかは人間にかかっています。いってみればGoogleが登場したときと同じで、どういう風に使うかでそれまでよりも高度なことができるようになるでしょう。AI技術で効率化できるところはどんどん進めるべきだと思っています。

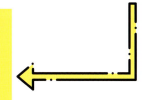

アクセラレータープログラムとは？

アクセラレーターとは「加速させるもの」という意味で、スタートアップ企業への出資などを目的としたプログラム。スタートアップ企業にとってはスピーディーな事業の立ちあげなどにつながり、どちらにとってもビジネスが加速するメリットがある。

29

仕事のやりがいを教えてください。

世の中に必要とされて、会社の「存在意義」を感じられること

問題が起きても出口を探すことが大事

お客様の側で今まで何年もやってできなかったことが、わたしたちの会社のAIを導入したことにより半年ぐらいで成果がでてきたということを聞くとうれしいですし、「いろいろな選択肢の中からAISingを選びました」といってもらえるのもやりがいになります。

大きなピンチに直面したときに、それで「もうやめよう」と思うのか、正面から説明をしに行って責任を果たすか、わたしは後者です。問題が起きたときに「この後どうする？」と考えられることが経営者に必要な視点だと思います。

会社をやっていると大変なこともありますが、基本的に日々を楽しいなと感じて過ごしています。これは、「世の中に必要とされている」ことをすごく感じられているからだと思います。特許を取得したわたしたちのAIの技術を使ってこれまでだれもできなかった課題を解決したり、お客様の事業を発展させられることで得られる達成感は**モチベーション**につながりますね。

社員たちとのミーティング中の様子。笑いも交えながらアイデアを出しあう

出澤さんの最近の趣味だと語るのが自作のラジコン。既成品では満足せずイチから作りあげるこだわり

仕事の相棒 ヘッドセット

画面をオフにしていても話ができるため、移動中も会議ができるので重宝しています。イヤホンと違い、耳にかけているだけなので長時間使っても疲れません。この形が気に入っているので、すでに4台目ぐらいです。

モチベーション ビジネス用語では主に仕事への意欲という意味で使われる

出澤さんの描く未来
将来的にはあらゆるデバイスにAIを実装

デバイスに搭載して学習・予測できるAIは世界的にも少なく、だからこそ、「可能性も無限に広がる」と出澤さん。エネルギー／インフラ業界やインターネットのない環境の宇宙でもAIが実装される日も遠くないようです。

　わたしの座右の銘は、上杉鷹山の「為せば成る 為さねば成らぬ何事も 成らぬは人の為さぬなりけり」という言葉です。これは「やろうと思えばできる。でもやらなければなにもできない」という意味なのですが、人生は一度きりですから、やってみようという気持ちがいちばん大事と思って行動しています。

　それはビジネスでも同じで、わたしたちがあつかっているAI技術は様々な場所、用途で使えるため、多様な可能性を秘めています。たとえば、危険がともない人間がなかなか入っていきにくい領域である、原子力発電や宇宙空間なども、将来的にわたしたちが手がけるようになるでしょう。

　身近なところも含めて、あらゆるデバイスにわが社のAI技術が実装されていくのがわたしたちのめざすところです。

起業家からのメッセージ

人生は一度きりです。失敗をおそれずに、
「仮説を立ててそれを検証してみよう」
という気持ちでやってみるのが大事です。
ダメならダメでそのときにどうするかを
考えれば良いのです。

出澤さんのこれまで

0才
1982年、茨城県生まれ

子どものころ
「なぜプールで鼻に水が入ると痛いのか」などの身のまわりの疑問から興味を持って調べるのが好きだった

22才ごろ
早稲田大学理工学部機械工学科卒業。ロボット工学の研究室にて人工知能を研究

23才
早稲田大学大学院 理工学研究科精密機械工学専攻（2008年修了）1年目のときにAI事業の起業を志すが、当時AIはまだ冬の時代で、軌道にのせることができず

25才
AISingの前身である株式会社ひらめきを起業

34才
ターニングポイント
株式会社AISing起業
日本総合研究所主催の「未来2017」にて受賞。その後、様々なスタートアップコンテストで賞を獲得

40才
ピンチ！！！
会社としてステップアップする時期に、方向性などで社員が半分ほど入れ替わるピンチを経験

42才
会社として5つの行動指針を制定し組織力を強化。さらなる成長をめざし、邁進中

日々のパン アカリベーカリー

代表取締役
高山 顕さん
たかやま あきら

小学生のときからの夢だったパン屋を開業

今ある店をより深く根づかせたい

東京の国立駅の近くにある「日々のパン　アカリベーカリー」は2015年12月開業。店に並ぶ30種ほどのパンは材料にもこだわり、製造はすべて高山さんが手がけています。毎日、心をこめて作りつづけ、今年で10年目。今では地元の人たちから愛される人気店になっています。

毎日食べたいと思うパンをお客様に届ける

高山さんが「パン屋さんになろう！」と決めたのは小学6年生のとき。いろいろなところで腕を磨き、37才のときに自分の店である「日々のパン　アカリベーカリー」をオープンさせます。お店の名前にこめたのは、生活の中で飽きることなく、毎日食べたいと思えるパンをお客様に届けたいという思いです。

現在、店の営業は週4日。でも、残り3日が休みというわけではありません。毎日30種ほどのパンを仕こみ、作るのは大変な作業。週2日の休みでは準備に手がまわらなくなったため、休みを増やして仕こみに専念し、営業日にしっかりパンが並ぶようにしたそうです。

販売や事務などは妻の真由美さんが担当し、夫婦で二人三脚のお店は、今ではこの町になくてはならないベーカリーになっています。

食パンやフランスパンはもちろん、菓子パンや総菜パンまでたくさんのパンを作っている

そもそもなぜ起業したの？

自分の思い描くパン屋を作ることが夢だったから

「パン屋さんになろう！」と決めたのは小学6年生のときに見た映画『魔女の宅急便』がきっかけ。話の中に出てくるパン屋さんの「人々の日常の中にある雰囲気」にあこがれ、自分もあんなパン屋さんを作りたいと思ったのです。その後、パン職人になるためにいろいろな店で修業をしましたが、ずっと「いつか自分の店を持ちたい（＝独立開業）」と考えていました。

高山さんの1日のスケジュール

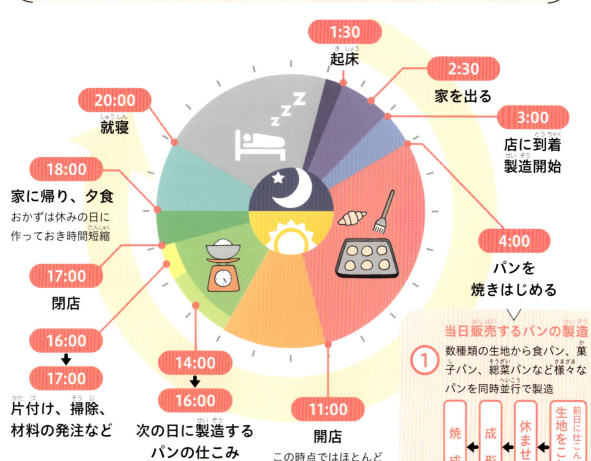

- 1:30 起床
- 2:30 家を出る
- 3:00 店に到着 製造開始
- 4:00 パンを焼きはじめる
- 11:00 開店 この時点ではほとんどのパンが並ぶ状態に
- 14:00 → 16:00 次の日に製造するパンの仕こみ 粉の計量し、生地をこねて休ませる（発酵）
- 16:00 → 17:00 片付け、掃除、材料の発注など
- 17:00 閉店
- 18:00 家に帰り、夕食 おかずは休みの日に作っておき時間短縮
- 20:00 就寝

当日販売するパンの製造

① 数種類の生地から食パン、菓子パン、総菜パンなど様々なパンを同時並行で製造

前日に仕こんでいた生地をこねる → 休ませる → 成形 → 焼成

この作業を繰りかえして、この日に売るパンを順番に作りあげていく

② 菓子パンに使用するクリームやジャムなどを作る

休日の過ごし方
1. ジムに行って走る（体力維持）
2. 料理をする（食材の組みあわせなど探求）
3. 経営者が話すラジオを聴く（情報収集）

仕事のやりがいを教えてください。

お客様も作り手も、みなが満足できる形のものを作れたとき

1人でやる良さと大変さがある

あるとき、味は変わらないのに売り物にならないぶどうが友人から送られてきました。それをどんな風にパンに使うのがいいか自分なりに考え、翌日商品を試作し、最終的に菓子パンとして販売。お客様から「旬のぶどうがパンで味わえる！」ととても喜ばれました。ぶどうを作った友人、お客様、自分自身も含め、全員が満足できる形になったことがうれしかったですね。

自分の店を持つことはこんな風に「判断」を自分でできる点が大きなポイントです。開業前に働いていた店ではどこもスタッフ数人でチームになってパン作りをしていましたが、現在はすべて1人で製造するのでなにをするにも時間がかかり、仕事に優先順位をつけるなど決断力が求められる場面は多いですね。オープン当初に比べてパンの種類は減りましたが、数をしぼったことで結果、お客様にもパンを安定して提供できます。そういうことも自分の**裁量**で決められるので、自分の気持ちに無理なく働くことができています。

ふわっふわな食感と小麦の香りがたまらないと評判の「食パン」はお店の人気商品

オーブンで一度に焼ける数は決まっているので、オーブンを効率よく使うことも大事になる

仕事の相棒　モンブラン（小麦）

パンの種類によって10種ほどの小麦粉を使いわけています。うちの店ではこの小麦粉でフランスパンを作っています。パンは小麦粉が主原料なので、粉の味でパンの味も大きく変わります。修業時代からずっと使っていて欠かせませんね。

裁量　自分の考えで判断し、処理すること

高山さんの描く未来
一日でも長く今の店をつづけていきたい

小さいころからの夢を実現させた高山さん。手を抜かず、丁寧なパン作りにむきあい、開業から10年目をむかえ、常連のお客様も増えてきています。

　地域に根づき、町の人たちから愛されて、生活の一部になっているパン屋さん、それはわたしが最初に思い描いていた「『魔女の宅急便』で見たパン屋さん」の形です。だから、わたしは、この先、1日でも長くお店をつづけられるようにお客様に焼きたてのパンを届けていきたい。WEB販売をしたり、店舗の数を増やしたりしてお店を拡大していくことは考えていません。それよりも自分が納得いくパン作りを深め、多くの人に足を運んでもらえる店にしていくのが今後の目標です。
　世界中の様々な国でパンが食べられていて、その数は5,000種類もあるといわれているそうです。いろいろな国のパンを学び、自分でまだ作ったことのないパンも生みだしていけたらなと思っています。

起業家からのメッセージ

長くつづけていれば見えてくるものはあります。
でも、つづければつづけるほどわからないことが
増えたり、逆に新しい発見をしたり、
そうやって深めていくことは
きっと自分のプラスになるはずです。

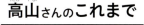

高山さんのこれまで

0才
1978年、静岡県生まれ

学生時代
料理が好きで、高校も食品系の高校へ進学

19才～35才
浅草のホテルや有名レストラン、長野のワイナリーなどで経験を積む。パン作りはもちろん、原価管理も経験

36才
ターニングポイント
開業にあたっては物件がなかなか決まらず、開業資金が本来の目的以外のことで減っていく不安を経験。ただ、逆に時間ができたことで開業セミナーの受講などができ、結果、今までとは違った見方ができるようになった

37才
ピンチ！！！
「日々のパン　アカリベーカリー」開業。オープンした後にすぐ駅ビルができて、駅だけで完結してしまい、人の流れが変わってしまった。しかし、雑誌で紹介されたことで注目を浴びる

40才ごろ
地道に常連客を増やし、開店から数年で安定したころ

43才
コロナ禍で働き方を見直すことに。商品の数を減らし、週休3日にする今のスタイルに

株式会社 ドロップ
代表取締役 三浦綾佳さん（みうら あやか）

「やってみたい」の思いだけで農業の世界へ
最新技術で生産から販売まで手がける

なにも経験がないところから「農業」に挑戦した三浦綾佳さん。人の力を中心に、インターネットや新しい技術をプラスし、野菜の生産から販売、ジュースなどの加工品作りを展開。新しい働き方を取り入れ、農業の世界の可能性を広げています。

未経験者でもできる農法が農業に興味を持つ引き金に

三浦綾佳さんは、茨城県に「ドロップファーム」という農場を作りました。この場所を選んだのは、多くの人が生活し、食物の消費量が多い東京に近いため。農地を探しにあちこち行き、水戸で理想の土地と出合ったといいます。

しかしそれまで三浦さんは、農業とはまったく縁がありませんでした。未経験者なのにはじめようと考えたのは「アイメック®農法」を知ったから。この農法に必要なのは、医療の技術を応用した専用のフィルムと水だけ。土質も選びません。三浦さんは「農薬を使わなくてもバクテリアや細菌、ウイルスを防ぐこの農法なら未経験者のわたしにも安全でおいしい作物が作れる」と、この方法を学びはじめました。そして現在では、農産物や農産物を使った加工品の生産から販売など、広く行っています。

甘みが強く、ビタミンなどの栄養価も普通より高い「美容トマト」を作っている。自動販売機での販売も行う。

そもそもなぜ起業したの？

子どもを育てながらキャリアを築く方法だから

以前の仕事は、楽しいけれどとても忙しかったので、子どもが生まれると、今までと同じやり方で働くのは難しくなりました。それなら育児と仕事を両立できて、自分を高めていける働き方をしようと決め、たどりついたのが農業です。作物を育てるだけでなく、自分たちの農園のブランドとして、販路（販売先）開拓や販売も手がけたいと考え、起業しました。

トマト生産を核にドロップファームが手がける事業

ドロップファームの事業の核 トマト生産

すべての元になるのはトマト。それがあった上で、枝葉として様々な事業を展開

トマトの販売
東京の有名デパートや水戸周辺のスーパー、直売所でも販売している

ジュースに加工
味に問題がないが割れてしまったりしたものはジュースに加工。周辺の農家からジュース加工の依頼も受けている

トマトを使ったスイーツの販売
パティシエの経験があるスタッフを生かし、トマトを使ったかき氷の販売も

レストラン展開
現在、視野に入れているのがトマトを使った料理が味わえるレストラン展開

観光農園
トマトの収穫体験ができる観光農園としても機能している

仕事のやりがいを教えてください。

ウチの野菜を気に入ってくれるお客様の反応が何よりうれしい

選ばれるために大事な"1％"を心に刻む

わたしが購入した農地は当時、電気も水道も通っていない状態でした。そのため農園作りは、まず電柱を立てる手続きをしたり、工事に必要な水を確保するために井戸を掘ったりと、基礎となる設備を用意することからのスタートです。これはたいへんな作業でした。他にも就農者のための融資を得るために認定の取得も必要です。そして、作った野菜を買ってくれる取引先の開拓という大きな課題もあります。

なんとか大口の取引先が決まったころ、その会社の代表の方に青果市場を案内してもらい、「全国から集まる大量の野菜の中から選ばれるには、品質も梱包や伝票の書き方もすべてが重要。それぞれの差は1％でも、その積み重ねが選ばれるかどうかにつながる」と教えてもらいました。これは今も心に刻み、会社で共有しています。わたしたちにとって、うちの野菜を気に入ってもらえるのは大きな励みです。これからも「1％」を大切にし、多くの方に選ばれる農園をめざします。

ビニールハウスの中で育っているトマト。温度は一定になるように調整されている

2025年にはさらに事業を拡大し、現在の1ヘクタールから、1.75ヘクタールに栽培規模を増やす

仕事の相棒 アイメック® フィルム

医療用に開発されたフィルムで、ナノサイズの穴が無数に空いています。これを使えば、土壌や農業経験にかかわらず、おいしい野菜が作れます。このフィルムとの出合いが「わたしにも農業ができるかもしれない」という思いにつながりました。

就農　農業を仕事にすること

三浦さんの描く未来
農業の可能性は無限大 いろいろ試す価値がある

農家が抱えている問題の解決や、農業をもっと盛りあげるためのアイデアを膨らませている三浦さん。すでに実現にむけて始動しています。

　農業という仕事は、農地や育てた野菜といった資源を、いかに有効活用するかが大切です。たとえばドロップファームでは農園内に工場を建て、自分と近隣の農園のトマトでジュースの生産・販売をしています。市場で野菜を売るには、形や大きさが基準に合っていることが条件で、それ以外は味が良くても、売り物にできません。しかしジュースなどの加工品にすれば、規格外でも有効活用できるし、フードロス対策にもなるので広げていきたいです。他にも農園レストラン、収穫体験の観光ツアーなどを考えています。こうして料理や語学、接客といった農業以外でも得意分野を生かして活躍できる場所を作りたいですね。多くの人が楽しく仕事をし、農業が面白いものだとわかってもらえればいいな、と考えています。

起業家からのメッセージ

興味があるなら飛びこんでみよう！
実際に体験したからこそわかることは多いので、
チャンスがあれば前に進んでほしいです。
それによって自分の強みや、
やってみたいことが
見えてくるかもしれません。

三浦さんのこれまで

0才
1989年、広島県生まれ

子どものころ
本が好きで、おとなしい子ども時代だった

20代前半
大学で栄養学を学び、その後は様々な業界で仕事の経験を積む。その中で営業の仕事が自分に合っていると気づく

25才
出産。夫婦でやっていた広告代理店では子育てしながらつづけられるか悩む

26才
ドロップファーム設立。電気と水道を通すなど、農園着工を開始、資金の融資を受ける手続きなど、大忙しに

ピンチ！！！
人手が足りず、農作物の収穫におわれる毎日。販路を開拓する時間が取れない

27才
ターニングポイント
月に何度か営業に回るスケジュールを組む。デパートと販売契約を結んだことが信用となり、販路拡大

34才
農園直売所を作る。野菜の他に農園で加工したジュースも販売。近隣農園の野菜で加工品を作る仕組みもでき、売上につながっている

職業訓練校

田中木工
代表 田中大地さん（たなか だいち）

思わぬ縁がつないだ「事業承継」
地元・大分で家具職人として歩み出した大きな一歩

少子高齢化によってこの先、多くの中小企業が「後継ぎ問題」に直面するといわれています。そんな中、注目を集めるのが「第三者への事業承継」。親子間などではなく、事業を受け継ぐ方法です。

たまたま目にした事業承継の文字が起業を後押しした

田中さんが家具などを作る木工職人になろうと思ったのは19才のとき。見ていたテレビ番組に出ていた家具職人を見て「こんな仕事があるのだな」と気づいたのがきっかけです。そこから具体的に家具職人になるための方法を調べ、通っていた短大をやめて職業訓練校の木工家具科に進みました。

その後10年間、福岡の家具製作会社で腕を磨き、地元に戻ることを考えはじめたとき、たまたま目にしたのが、日本政策金融公庫のサイトで見つけた「事業承継マッチング」でした。

これは後継ぎのいない会社と新たに起業した人をつなぐもので、自分の思っていたタイミングより独立開業が早まりましたが、条件的にも申し分ない内容だったため、「このチャンスを活用しよう」と決断。2023年7月に「田中建装」を引き継ぐ形で起業を果たしました。

田中さんが作った家具の一例。大量生産ではない職人の技を感じる

職業訓練校：国や自治体が運営し、就職をめざして技術を身につけるために学ぶ場

そもそもなぜ起業したの？

降ってきたチャンスに「やってみよう」と思ったから

最初は「結婚を機に地元である大分県に戻って仕事をしたい」という気持ちだけでした。だからこそ、急に降ってわいた事業承継の話は「このタイミングでよいのか」と悩みましたが、最終的には妻も「やってみたら？」と背中を押してくれ、日本政策金融公庫や商工会の方々も補助金の申請や経営面など様々な形でサポートしてくれたので起業を決めました。

第三者間事業承継の仕組み

事業承継

自分のやってきたビジネスをだれかにゆずること。家族間や従業員間でされることが多いが、最近は少子高齢化の影響で、後継者のいない会社を第三者間で事業承継したり、M&A（会社の合併や買収のこと）されるケースが増えている。

「後継ぎがいない…」
会社をゆずりたい側

「資金が足りない…」
起業したい側

→ 事業承継マッチングセンター ←

田中さんのケースのポイント

① **お客さんも引き継げる！**
元々の会社が取引していたお客さんも含めた形で引き継ぐことができた

② **普通より安く設備が手に入った！**
工場の機械なども含めて、自分で中古を購入したとしても、その1/10ほどで整った設備をゆずってもらうことができた

日本政策金融公庫とは

国がやっている金融機関で、主に中小企業への融資を行う。創業支援も一般的な金融機関よりも積極的に行っていて、低金利で借り入れができたり、事業計画書の作成をサポートしてくれたりする。今回の事業承継マッチングもそのうちのひとつ。

仕事のやりがいを教えてください。

注文通りにカタチになったときは達成感があります

すべての作業を1人でやる責任と充足感

　まず、もともと建物を作る流れを簡単に説明すると、設計士が建物のイメージをデザインし、その図面通りに工務店や建設会社が作り上げていくのですが、その中でうちの会社が担当する仕事というのは、図面の中で、たとえば飲食店の店舗のカウンターや作り付けの家具など、木工に関する部分になります。

　具体的には、実際の現場に行き、採寸してそれに合う木工部分の図面を描いて見積もりを作り、それにOKが出たら実際に作成がスタート。サイズにあわせて求められたイメージ通りのものを作り上げていきます。

　今はまだわたし1人の会社なので、すべての作業を自分でやるのですが、すべてをやり遂げて求められたものを作りあげたときは達成感がありますね。テーブルやいすなど作りたいものはたくさんあります。今はまだ手が回らないですが、そういうものもこだわって作れるようになっていきたいです。

事業承継によってゆずってもらった工場。1人では大きすぎるほどの十分な広さだという

家具を作るだけでなく、請求書や支払いなど、デスクワークもすべて1人でこなしている

仕事の相棒 ＋ 工具

家具を作るのに欠かせないのは工具。ドライバーは家具職人として歩みはじめたときに買ったもので、この形が気に入っているため、何度も同じものを買い直したほど。『田中建装』の代表から受け継いだものもあり。

P40～42の画像提供：大分県商工会連合会（大分県事業承継・引継ぎ支援センター）

田中さんの描く未来
お客様と接点を持ち直接注文で家具を作る

前の経営者の思いものせ、代表としての一歩を踏み出したばかりの田中さん。「いつかはオーダーメイドの家具を作りたい」という夢も持っています。

　2023年5月に譲渡契約を締結し、7月に登記したので、まだ走りはじめたばかりの会社です。まずは前の経営者の方から引き継いだこの会社を、自分なりのやり方でしっかりつづけて行くことが当面の目標にはなります。

　その上で、今の仕事の流れだと、できあがったものを実際に使われるお客様との接点がないため、使用してみてどうだったかなど反応を聞く機会がありません。

　来た仕事を請けるだけだと、仕事のかじ取りがどうしても依頼側任せになるし、仕事がいつ途切れるともわかりません。コンスタントに、それでいて自分主導で仕事ができるようにするためには、お客様から直接、注文を請けたオーダーメイド家具など自分を起点にした仕事も将来的にしていきたいですね。

起業家からのメッセージ

「自分は将来どんな仕事をするんだろう」という視点を持って、毎日を過ごしてみよう。わたしが偶然見ていたテレビで家具職人に出会ったように、「こんな仕事があるのか」とこれまで見えてこなかった仕事が見えてくるかもしれません。

田中さんのこれまで

0才
1990年、大分県生まれ

子どものころ
あまりしゃべらないおとなしい子だった

19才
家具職人になりたいと思い、短大を中退し、職業訓練学校の木工家具科へ。職人としての基礎を学ぶ

20才
北九州市にあるオーダーメイド木製家具の製作会社へ就職（10年以上勤務）。依頼に対して具現化した家具を作りだし、実践で腕を磨く

30才

ターニングポイント
結婚を機に、地元での開業を考えはじめる。何気なく見たホームページで事業承継マッチングを見つける

33才ごろ
「田中木工」創業
大分で長く家具製作を行っていた「田中建装」から第三者事業承継をうけ、そこを継ぐ形で自身の会社「田中木工」の起業を果たす

ピンチ！！！
最初の入金があるまでは、貯金を切り崩して必要な木材などの材料を買わなければならず、不安を感じたことも。その後は順調に仕事が入り、今では1人でこなすのが大変なほどの注文が来ている

株式会社 PETOKOTO

代表取締役 大久保泰介さん

「ペットを"家族"として愛する社会」を創る

デジタル技術で業界に変革をもたらす

犬や猫を家族としてむかえ、楽しく生活をともにする人が多い反面、毎年1万匹以上が殺処分される、法律では「物」としてあつかわれるなど社会的な課題も多いペットの世界。株式会社PETOKOTOではこの現状の改善と、ペットの一生に寄り添うサービスに取り組んでいます。

デジタル技術を使ってペットの生涯を支援する

「ペットを家族として愛せる世界へ。」を使命に掲げて活動する大久保泰介さんの会社では、様々なサービスを提供しています。まず、獣医師など動物の専門家などによる、健康やしつけ、ペットグッズなど幅広い情報の発信、そして材料や栄養バランスにこだわった自社ブランドのペットフードの製造・販売、さらにペットをむかえたい人と保護犬猫をマッチングするWEBサイトの運営です。

現在、法律上で動物は「物」として捉えられています。これに対して、動物も「命あるもの」として受け入れられる社会を創ることを大久保さんは目標にしています。一緒に暮らす犬や猫が"家族"のように幸せに過ごせるように、ペットにまつわる、いろいろな部分でデジタル技術を活用しているのです。

手作りのおいしさをテーマに、獣医師などの専門家と独自開発したペットフード

保護犬猫　飼い主に捨てられたり、迷子になったりした犬や猫のこと

そもそもなぜ起業したの？

社内コンペのプレゼンが起業への道につながった

以前、勤めていた会社の「新規事業プロジェクト」のコンペに参加したのがはじまりです。複数の案を提案したところ、その中のペットビジネスが最終審査に残りました。結局、ここでは選出されなかったものの、上司が「自分でやってみたら？」といって投資家を紹介してくれたのです。そこで投資家にプレゼンをした結果、話が進んだため、思いきって起業しました。

PETOKOTOが行う"DX化"とは？

DX
（デジタルトランスフォーメーション）

「IT化」は業務の効率化のためにデジタル技術を使うことだが、「DX化」はデジタルの技術を活用することで、そこにある課題を解決してビジネスそのものを変革すること。

飼い主むけ情報サイト
ペトコトメディア

ペットをむかえたい人と保護犬猫のマッチングサイト
OMUSUBI

さらに一歩進めた「FX化」とは？

大久保さんの会社では、ペットビジネスの「DX化」だけではなく、さらに一歩先を行く「FX化（ファミリートランスフォーメーション）」をめざしている。これは、デジタルの技術を使って、ペットも含めた家族のありかたを変革させるという意味で作った言葉。

手作りのおいしさをテーマに、獣医師などの専門家と独自開発した
フレッシュペットフード

コンペ（コンペティション）　テーマや課題にあわせ、個人やチームといった複数の参加者が、アイデアや技能を競い合うこと

仕事のやりがいを教えてください。

お客様と一緒にペットに寄り添い見守ることが喜びであり、誇り

起業後もコンテストに出て事業の支援者を増やす

　子どものころは犬や猫が苦手でした。それが留学先で人とペットの様子を見たり、帰国後に身近な人のペットとふれ合ったりするうち、ペットに興味を持ちはじめました。調べてみると、この産業はDX化が遅れていることや殺処分の問題があるとわかり、自分もなにかできることがあるのではないかと思いはじめたのです。

　起業後は、長くつづく会社をめざし、多くのチャレンジをしました。起業家の登竜門のピッチコンテスト「IVSローンチパッド」にも出場しました。会社の注目度が高まり、投資家と知り合う機会になると思ったからです。プレゼンは自信がないので、スティーブ・ジョブズなどプレゼンの上手な人の動画をたくさん見て、本も読みました。自分でも200回以上は練習したと思います。おかげで優勝できました。今も苦労はあるものの、喜んでもらえるのがうれしいし、やりがいになっていますし、人とペットの生活に寄り添える活動に誇りを持っています。

会社には、獣医師の免許を持ち、専門家の視点でペットを支える役員もいる

苦手意識があるプレゼンを猛勉強し、2022年の「IVSローンチパッド」で優勝

仕事の相棒　愛犬 コルク

大切な家族のコルクは元は保護犬でした。「コルクが幸せに暮らせるためには」が活動の根底にあり、仕事の大きなモチベーションです。休日は家族とコルクで散歩するのが、貴重な息抜きになっています。

IVSローンチパッド 次世代の起業家を対象にした、ピッチ（短時間で自分の考えを効果的に伝えるプレゼン）コンテスト

大久保さんの描く未来
ペットの命が尊重される社会を創る一助に

ペットを大切な家族として愛情を注ぐ社会を創ろうと、活動を展開する大久保さん。今後も、人とペットをさらに幸せにする方法を思案中です。

今までの取り組みに加え、ペットとの暮らしがもっと豊かになるように事業を拡大していこうと考えています。たとえば病気や介護が必要なペットのために、血液検査などの数値を分析して適したフードを選ぶといったことを考えています。また大手企業とコラボした新たなサービスの開発も展開しています。これまでに行ったのは、新幹線にペット専用の車両を作り、一緒に旅するツアー。ペットを膝に抱えて乗車できるので旅の楽しさが広がると好評でした。また、利用額の0.1％が保護犬猫団体への寄付になるクレジットカードを作るなど、今後も、ペットの健康や生活環境を整え、家族として一緒に楽しめるようアイデアの実現に力を注ぎます。ペットを命あるものとして尊重する社会を創るには、こうした活動をつづけることが重要だと考えています。

起業家からのメッセージ

あわてて目標を見つけようとする必要はなし！
チャレンジ精神を大切にしてほしい。
失敗するのはこわいかもしれないけれど、
挑戦することに価値があると知ってほしいです。
もし、やってみたいことがまだないなら、
待てばいいのです。「こうでないとダメ」
というのはありません。

大久保さんのこれまで

0才
1987年、京都府生まれ

子どものころ
意外にも子どものときは犬が苦手だった

20才
大学に在学中に、イギリス・ロンドンに留学。現地のユニクロで「＋J」プロジェクトなどを経験。海外のペットとの接し方に日本との違いを感じる

25才
「株式会社グリー」に入社。採用プロモーション業務だったため、起業や新規事業とは遠い業務だった

27才
ターニングポイント
社内のコンペがきっかけで、PETOKOTOの前身ともいえる株式会社シロップを起業

30才
ピンチ！！！
経営は実践して気づくことも多く、社員が急にやめる困難や資金繰り、投資家との関係性など、苦労も多かった

34才
社名を株式会社PETOKOTOに変更

35才
「IVS2022 ローンチパッド」で優勝。会社の認知度を高めるきっかけになり、投資家の支援も増える

さくいん

【あ】
- IVSローンチパッド ― 46
- アイメック®農法 ― 36
- アイメック®フィルム ― 38
- アクセラレータープログラム ― 29
- アントレプレナーシップ ― 20
- イノベーション ― 16
- エッジAI ― 28、29

【か】
- 学生起業 ― 16
- 起業 ― 14
- 起業セミナー ― 19
- 共同代表 ― 24
- 個人事業主 ― 14

【さ】
- 事業承継 ― 17、40

【し】
- シニア起業 ― 17
- 社内起業 ― 17
- 社内ベンチャー ― 17
- 生成AI ― 28
- ゼロイチ ― 14

【た】
- 大学ベンチャー ― 16
- 第三者間事業承継 ― 41
- DX ― 45
- 投資家 ― 26

【な】
- 日本政策金融公庫 ― 41
- ノマドワーカー ― 11

【は】
- 働き方改革 ― 11

【ひ】
- ビジネスコンテスト ― 19
- ピッチコンテスト ― 46
- フレックスタイム ― 11
- 法人 ― 14

【ま】
- マイナポータル法人設立ワンストップサービス ― 18
- メンター ― 18
- モチベーション ― 30

【ら】
- ライフステージ ― 10
- リモートワーク ― 11

【わ】
- ワークライフバランス ― 11

著　者	10代から考える「起業」編集委員会
装　幀	Linon（村口敬太）
文・構成	粟野亜美、佐々木夏芽、児玉伸子
イラスト	寺山武士（P6-20）、カケヒジュン（P22）
キャラクターデザイン	カケヒジュン
写　真	浜村多恵（P24-27）、藤澤孝代（P28-39）
本文レイアウト・DTP	Linon（村口敬太、村口千尋）

10代から考える「起業」という働き方
①「起業」はだれでもできる

2025年2月　初版第1刷発行

著　者　10代から考える「起業」編集委員会
発行者　水谷泰三
発行所　株式会社文溪堂
　　　　〒112-8635　東京都文京区大塚3-16-12
　　　　TEL　営業(03) 5976-1515　編集(03) 5976-1511
　　　　ホームページ　https://www.bunkei.co.jp
印　刷　TOPPANクロレ株式会社
製　本　株式会社若林製本工場
ISBN978-4-7999-0553-1　NDC335　48p　263×187mm

© Bunkeido Co., Ltd. 2025 Printed in Japan

乱丁・落丁は郵送料小社負担でおとりかえいたします。定価はカバーに表示してあります。
本書を無断で複写・複製することは、法律で定められた場合を除き禁じられています。

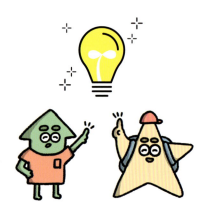

多様化する働き方
「起業」で広がる未来

10代から考える「起業」という働き方

学生起業家や女性起業家も増え、ベンチャー企業も年々増加している今、就職ではない新しい働き方である「起業」をテーマにしたシリーズ。ハウツー本ではなく、現在の社会情勢も踏まえて、子どもたちの将来の可能性を広げるシリーズを目指しています。

■3巻それぞれ前半で「起業」のあれこれについてテーマを決めて、豊富な図版とイラストでわかりやすく解説。

1巻：”起業”ってなに？ から始まって働き方が多様化しているなか、昔に比べて起業しやすい現状を解説。

2巻：起業するにあたって、必要なこと…何を目的とするか、何に価値を見出すか、資金調達は…？ などを多角的に説明。

3巻：起業したものを維持するには、何を考え、どう対応していけばいいか…起業の現状や会社継続のために考えることや起業のリスクについても解説。

■各巻6名、計18名の起業家に実際に取材することで、子どもたちが「起業」について明確にイメージできます。

■「スモールビジネス」「スタートアップ」「事業承継」「社内起業」「大学発ベンチャー」など、様々な起業を紹介しています。

10代から考える「起業」という働き方編集委員会 著

全3巻

B5判
各48ページ
NDC335（企業・経営）

1「起業」はだれでもできる
2「起業」はなんのために？
3「起業」はゴールではなく、スタート